따개비 한문숙어·1

2025년 4월 10일 초판 20쇄 발행

글·그림 | 오원석
펴낸이 | 우종갑
펴낸곳 | 늘푸른아이들
주소 | 서울시 도봉구 도봉로 137길 55, 202호(쌍문동 한신스마트빌)
전화 | 02-922-3133
팩스 | 02- 6016-9815
홈페이지 | www.greenibook.com
출판등록 | 2002년 9월 5일 제16-2840호

ⓒ 오원석 2002

ISBN 978-89-90406-01-9
ISBN 978-89-90406-08-8(세트)
잘못된 책은 바꾸어 드립니다.
이 책에 실린 내용과 사진을 무단전재와 복제를 금합니다.

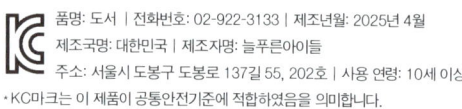

따개비 한문숙어

글·그림 오원석

1

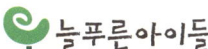

■ 추천사

돌 하나로 네 마리 새를

과자로 지은 집에 살면서 만화로 엮은 책으로 공부를 한다면 얼마나 신나고 재미있을까요. 어린이들은 그런 동화의 나라로 찾아가 살고 싶은 꿈을 지니고 있습니다.

오늘날의 어린이들은 읽을 것과 배울 것이 너무도 많습니다. 어른들은 어린이더러 '내가 어릴 때는 참 공부를 잘했다'라고 자랑하며 본받으라고 하시지만 그건 어른들이 몰라서 하는 말씀입니다.

왜냐하면 어른들의 어린 시절에는 공부하는 내용이 단조로웠기 때문입니다. 날마다 날마다 놀라운 속도로 발전하는 오늘날에는 새로운 이치와 기술과 정보가 홍수처럼 쏟아지고 공부해야 할 내용도 더 많아지고 복잡해지고 어렵게 되었습니다.

그러므로 이 많은 것을 배우는 데 있어서 알기 쉽고 재미있게 가르쳐 줄 것은 생각지 않으시고 그저 공부하라고만 외치십니다.

그렇습니다. 무거운 공부를 가벼운 마음으로 효과 있게 하는 방법을 어른들은 어린이들을 위하여 생각해 내어야 할 것입니다.

바로 그러한 방법의 하나로 이루어진 것이 소년한국일보와 월간 '학생과학'에 연재되었고, 이번에 책으로 나오게 된 〈따개비 한문 숙어〉입니다. 이 책은 어른들도 어려워하던 한문을 아주 쉽고 재미있게 공부할 수 있도록 엮었습니다.

　한문 숙어 가운데 一石二鳥(일석이조)란 글귀가 있습니다. 돌 한 개로 한꺼번에 새 두 마리를 잡는다는 뜻이지요. 바꾸어 말하면 한 가지 일을 하여 두 가지 이익을 본다는 뜻입니다. 이 책을 읽은 어린이들은 一石二鳥(일석이조)가 아니라 一石四鳥(일석사조)의 유익함을 얻게 될 것입니다.

　첫째로는 한자 공부가 저절로 되어 머리에 쏙쏙 들어가고, 둘째로는 만화 내용 그대로가 우습고 재치가 있어서 재미를 느낄 수 있습니다.

　또 셋째로는 다루어진 소재가 시사적인 것이 많아 세상의 형편을 알 수가 있고, 넷째로는 흥미 있게 공부하는 사이 어린이의 생각이 넓어져서 상식이 풍부해지고 교양 있는 어린이가 되어 그 한문 숙어를 표현하고 활용할 수 있게 되기 때문입니다.

　진실로 한문을 모르고서는 말과 글의 깊은 뜻을 알 수가 없고, 날이 갈수록 안타까워짐을 어른들에게 물어 보면 잘 알수 있을 겁니다. 한문은 우리 조상의 슬기와 겨레의 문화 속에 깊이 괴어 있습니다. 외국어 공부보다 더 먼저 더 많이 해야 할 공부입니다.

　이렇게 중요하고 따라서 꼭 배워야 할 한문 숙어를 인기 만화가 오원석 씨가 만화 속에 담아서 쉽게 깨닫고 익히도록 해준 것은 정말 고맙고 반가운 일이 아닐 수 없습니다.

전소년한국일보 사장 · 색동회 회장 **김수남**

차 례

■추천사 돌 하나로 네 마리 새를 4

가담항설 ········ 8	만면희색 ········ 52
가화만사성 ········ 10	만병통치 ········ 54
각양각색 ········ 12	만사휴의 ········ 56
각주구검 ········ 14	만시지탄 ········ 58
각축 ········ 16	박리다매 ········ 60
간담상조 ········ 18	박장대소 ········ 62
감불생심 ········ 20	반포지효 ········ 64
감지덕지 ········ 22	발본색원 ········ 66
감탄고토 ········ 24	방방곡곡 ········ 68
갑론을박 ········ 26	배수진 ········ 70
개세지재 ········ 28	백의종군 ········ 72
난공불락 ········ 30	백일몽 ········ 74
남대문입납 ········ 32	사가망처 ········ 76
낭중지추 ········ 34	사고무친 ········ 78
다기망양 ········ 36	사기충천 ········ 80
다다익선 ········ 38	사리사욕 ········ 82
다문박식 ········ 40	사반공배 ········ 84
다수결 ········ 42	사분오열 ········ 86
단도집입 ········ 44	사사건건 ········ 88
단순호치 ········ 46	사상누각 ········ 90
막역지우 ········ 48	사실무근 ········ 92
만경창파 ········ 50	아비규환 ········ 94

아연실색	96	전전긍긍	140
아전인수	98	전후곡절	142
안분지족	100	천리안	144
안빈낙도	102	천생배필	146
안중지정	104	천석고황	148
애걸복걸	106	천의무봉	150
약육강식	108	천인공노	152
어두육미	110	천재지변	154
억만장자	112	쾌도난마	156
언어도단	114	쾌인쾌사	158
역지사지	116	타산지석	160
연부역강	118	타향고지	162
오월동주	120	파기상접	164
옥상가옥	122	파란만장	166
옥석구분	124	파렴치한	168
자문자답	126	하선동력	170
자초지종	128	하필성장	172
재색겸비	130	학수고대	174
적반하장	132	함분축원	176
전가지보	134	항다반사	178
전대미문	136	허례허식	180
전인미답	138	허송세월	182

가담항설 街談巷說

거리 가 · 말씀 담 · 거리 항 · 말씀 설

길거리나 항간에 떠도는 뜬 소문.

各樣各色
각양각색

각양각색

各樣各色
각각 각. 모양 양. 각각 각. 빛 색.

각각 다른 여러 모양과 형색.

刻舟求劍
각주구검

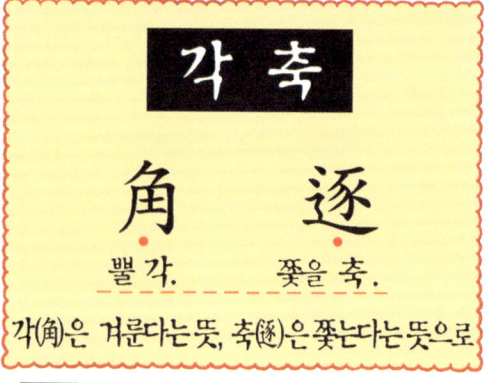

肝膽相照
간담상조

간담상조

肝膽相照

간간. 쓸개담. 서로상. 비칠조.

간과 쓸개를 서로 보인다 함이니...

곧 서로 마음을 터놓고 사귐을 뜻함.

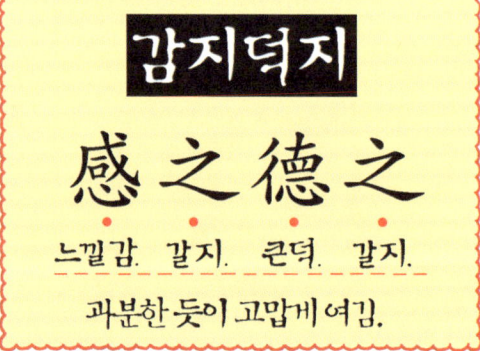

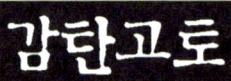

甲論乙駁
갑론을박

갑론을박

甲論乙駁

갑옷갑. 의논할론. 새을. 논박할박.

'갑'이 의논하고 '을'이 반박한다는 뜻.

囊中之錐
낭중지추

낭중지추

囊中之錐
주머니낭. 가운데중. 어조사지. 송곳추.

'주머니 속의 송곳'이란 말로…

多多益善
다다익선

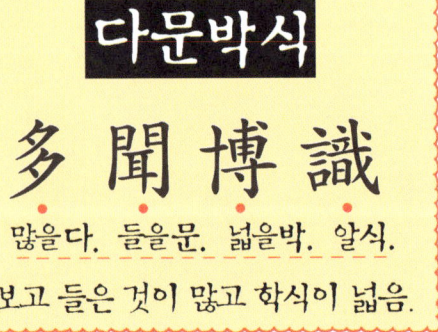

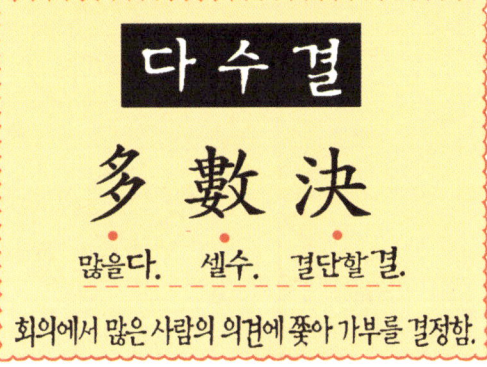

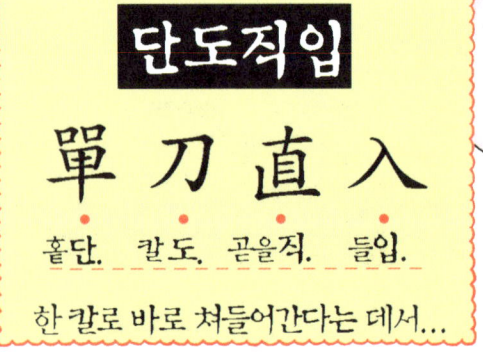

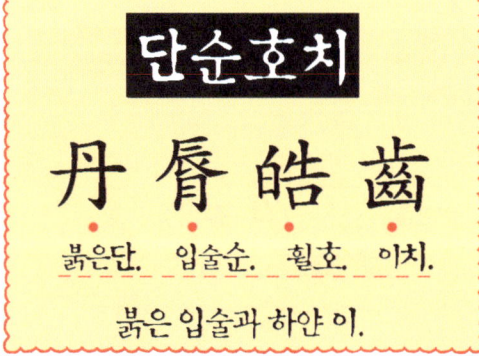

莫逆之友
막역지우

막역지우

莫逆之友

없을 막. 거스릴 역. 갈 지. 벗 우.

아무런 허물이 없는 절친한 벗.

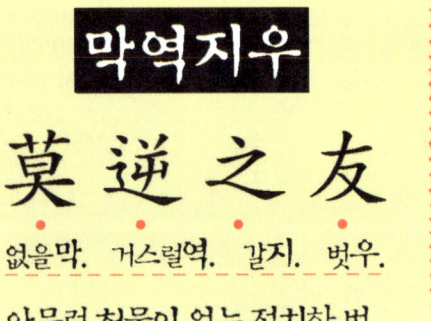

滿面喜色
만면희색

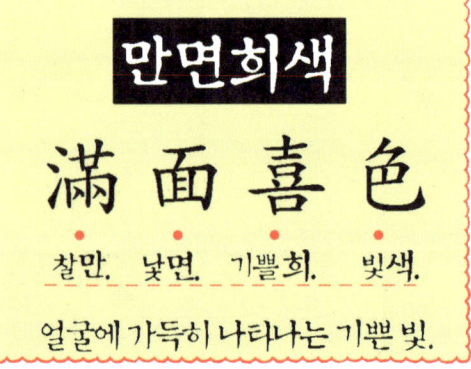

만면희색

滿 面 喜 色
찰만. 낯면. 기쁠희. 빛색.

얼굴에 가득히 나타나는 기쁜 빛.

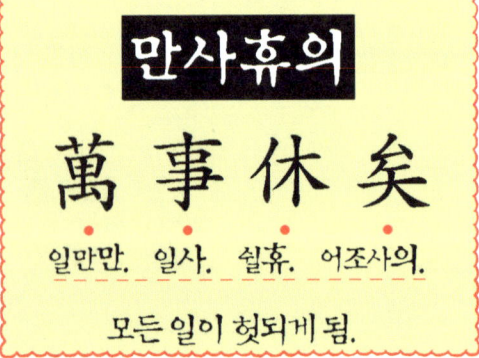

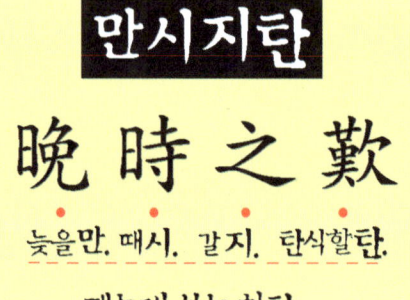

薄利多賣
박리다매

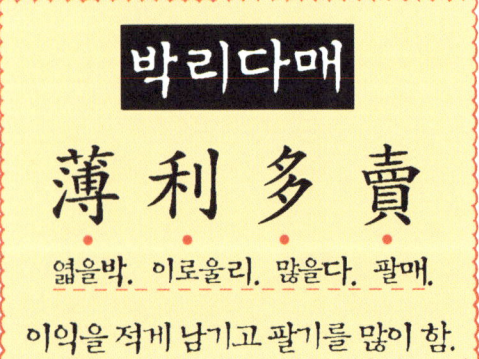

박리다매

薄利多賣

엷을박. 이로울리. 많을다. 팔매.

이익을 적게 남기고 팔기를 많이 함.

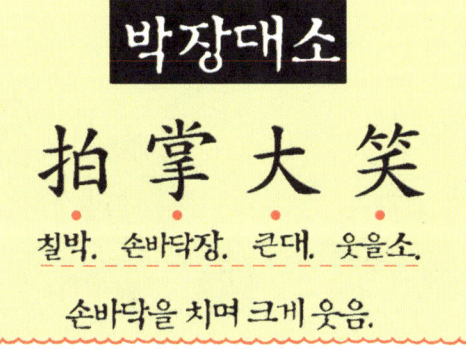

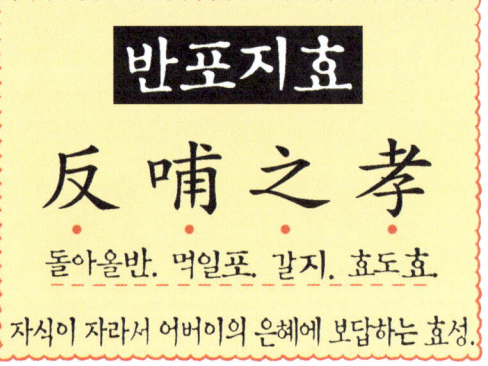

拔本塞源
발본색원

발본색원
拔本塞源
뽑을 발. 근본 본. 막을 색. 근원 원.

폐단이 되는 근원을 아주 뽑아 버림.

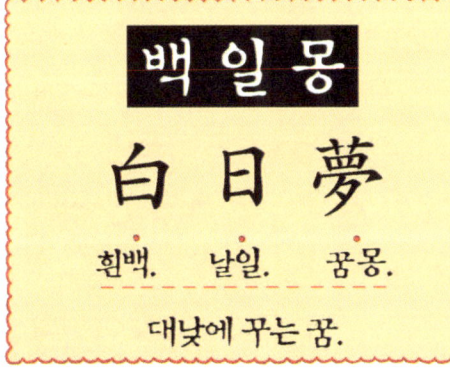

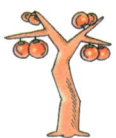

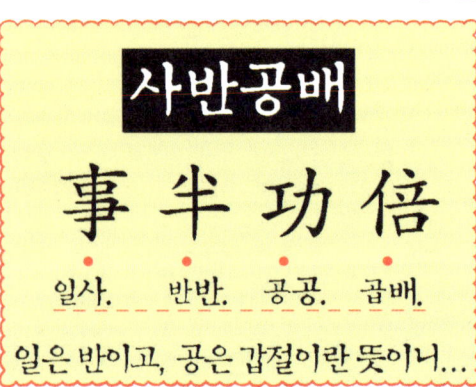

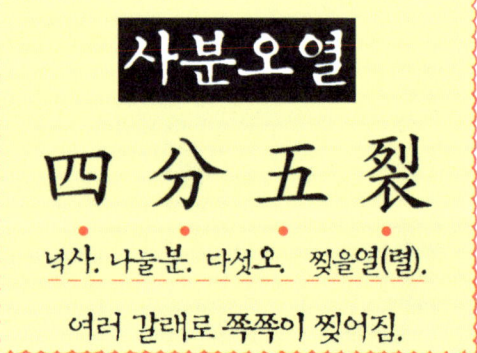

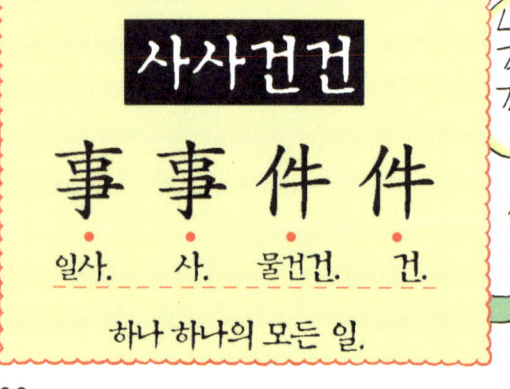

沙上樓閣
사상누각

사상누각

沙上樓閣

모래사. 위상. 다락루(누). 집각.

모래 위에 지은 집이니...

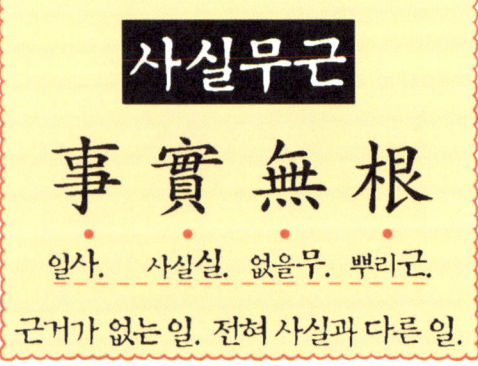

사실무근

事實無根

일사. 사실실. 없을무. 뿌리근.

근거가 없는 일. 전혀 사실과 다른 일.

阿鼻叫喚
아비규환

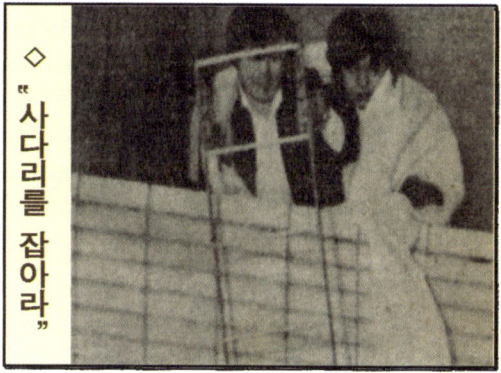

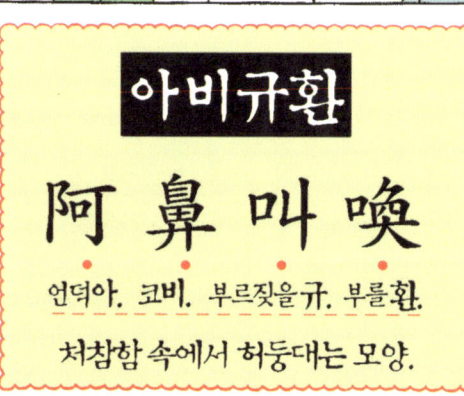

아비규환

阿鼻叫喚
언덕아. 코비. 부르짖을규. 부를환.
처참함 속에서 허둥대는 모양.

啞然失色
아연실색

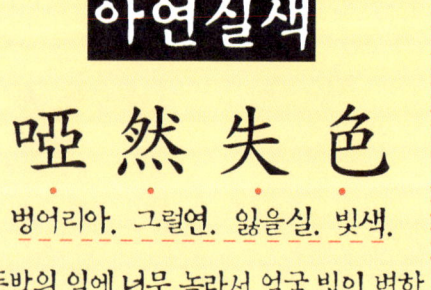

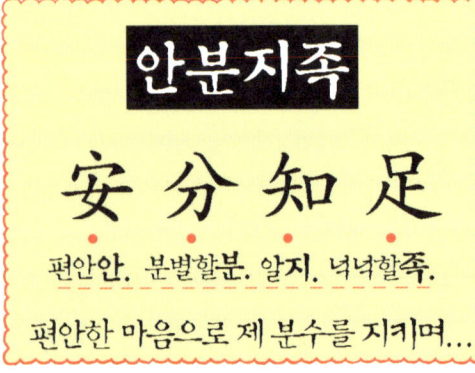

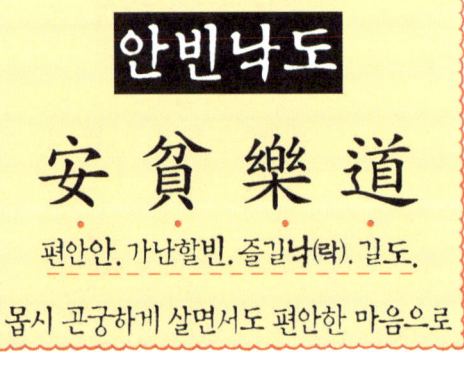

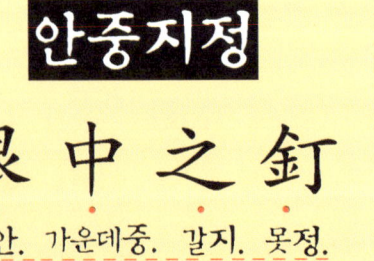

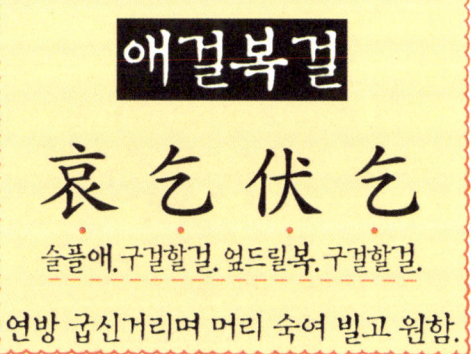

魚頭肉尾
어두육미

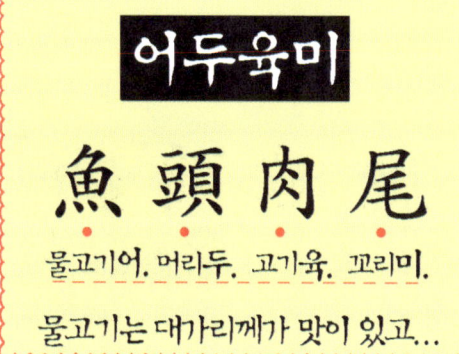

어두육미

魚頭肉尾

물고기어. 머리두. 고기육. 꼬리미.

물고기는 대가리께가 맛이 있고...

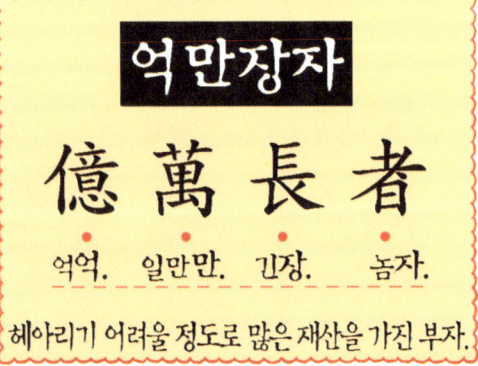

言語道斷
언어도단

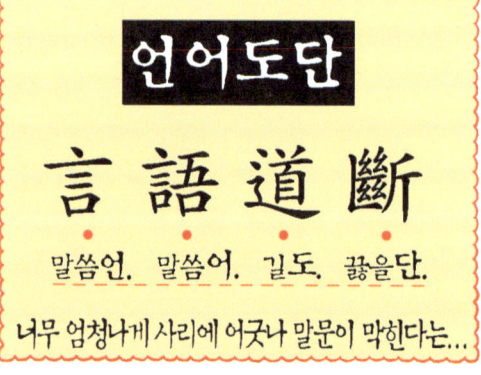

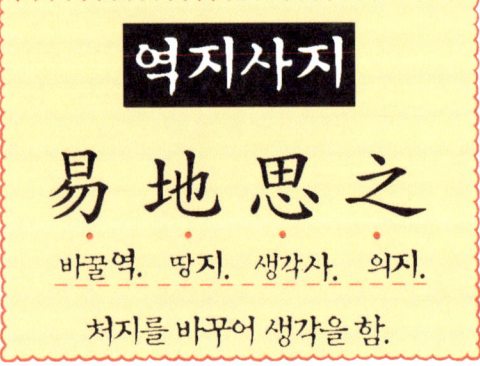 

年富力强
연부역강

연부역강

年 富 力 强

해년(연). 부자부. 힘력(역). 강할강.

나이가 적고 젊음이 넘쳐 혈기가 왕성함.

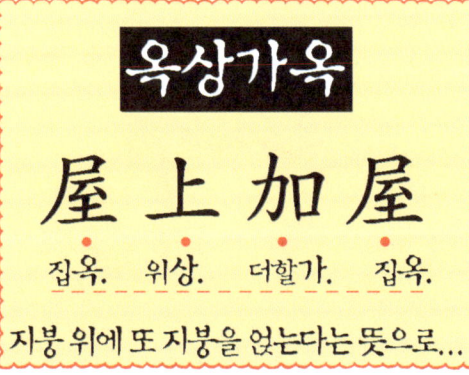

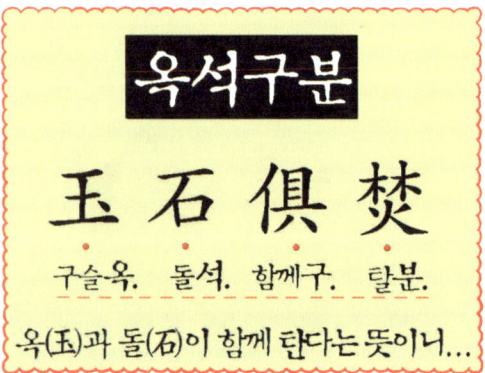

自 初 至 終
자초지종

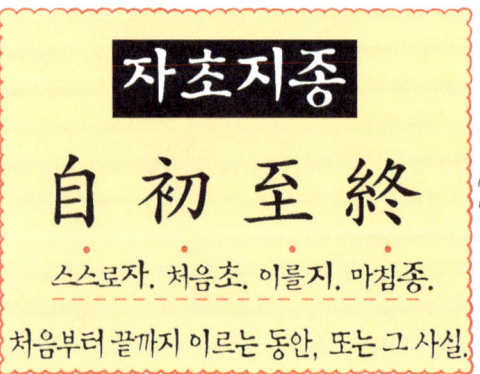

자초지종
自 初 至 終
스스로자. 처음초. 이를지. 마침종.

처음부터 끝까지 이르는 동안, 또는 그 사실.

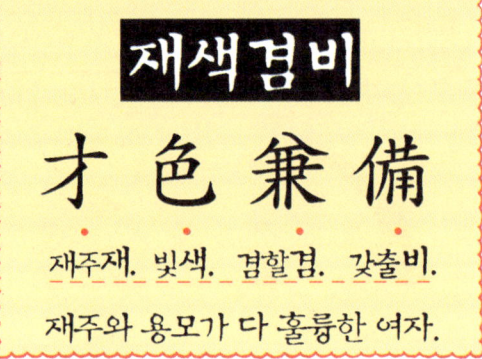

賊反荷杖
적반하장

적반하장

賊 反 荷 杖
도둑적. 돌아올반. 멜하. 몽둥이장.

도둑이 매를 든다는 뜻으로...

傳家之寶
전가지보

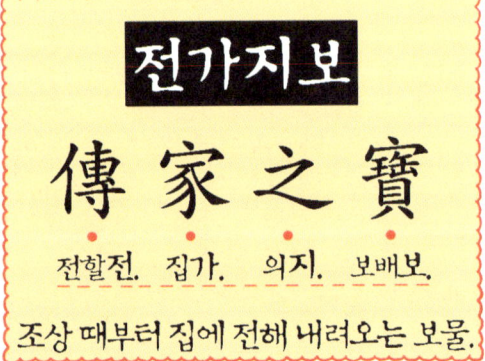

前代未聞
전대미문

전대미문
前代未聞
앞전. 대신할대. 아닐미. 들을문.
지금까지 들은 적이 없음.

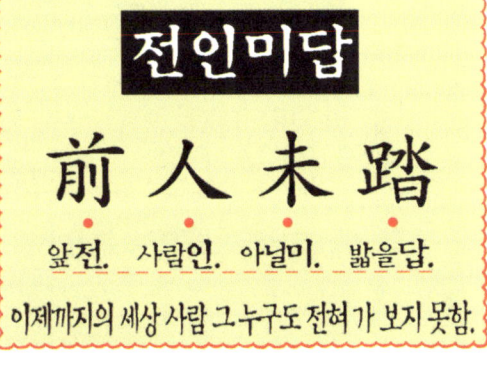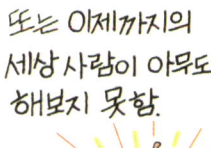

戰戰兢兢
전전긍긍

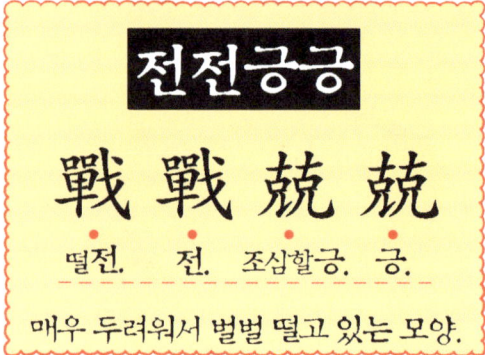

前後曲折
전후곡절

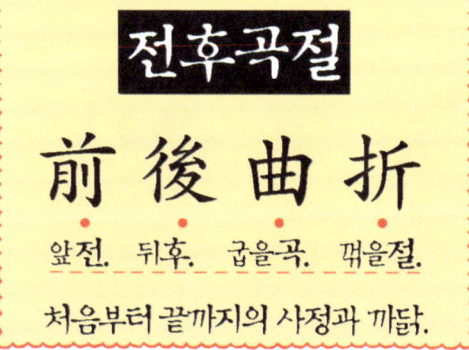

전후곡절

前後曲折
앞전. 뒤후. 굽을곡. 꺾을절.
처음부터 끝까지의 사정과 까닭.

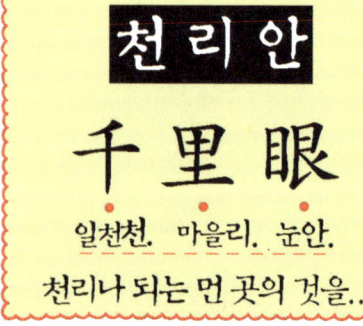

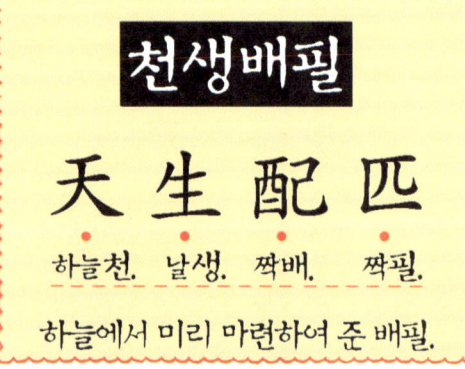

泉 石 膏 肓
천석고황

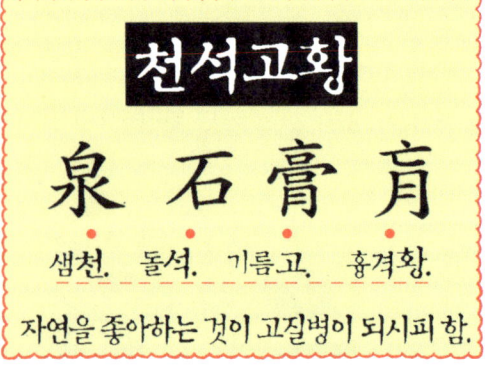

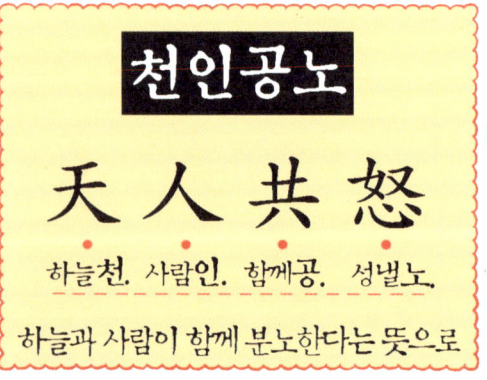

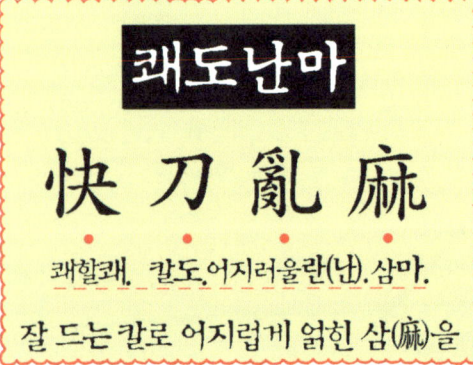

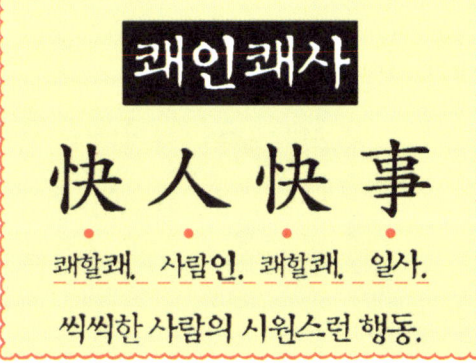

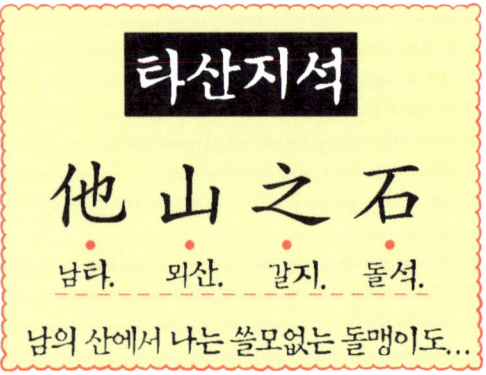

破器相接
파기상접

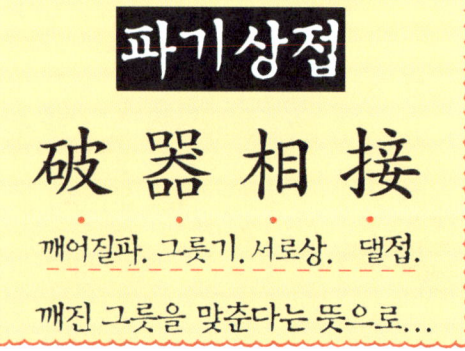

破廉恥漢
파렴치한

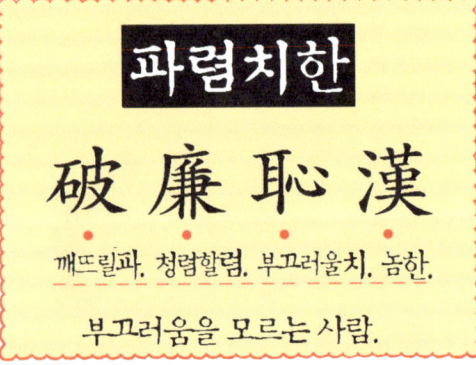

하선동력

夏扇冬曆

여름하. 부채선. 겨울동. 책력력.

여름의 부채와 겨울의 새해 책력.

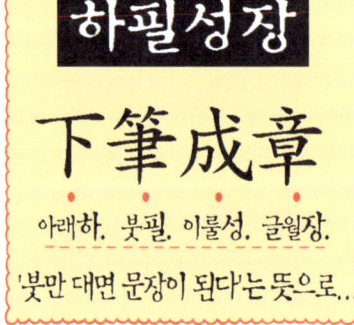

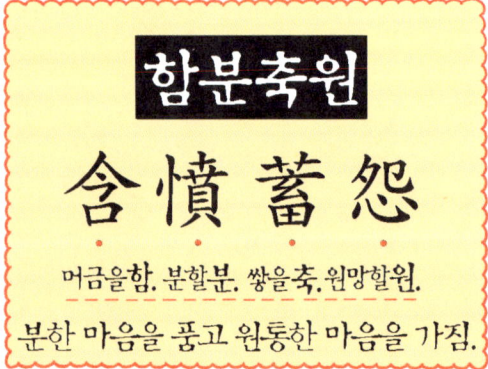

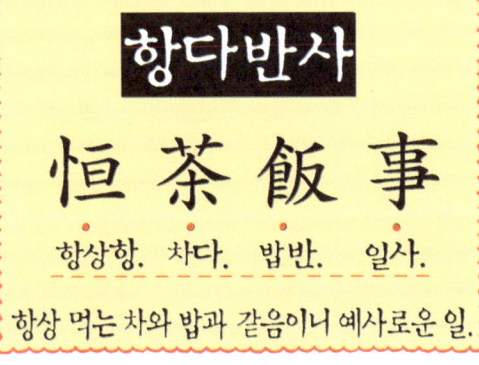

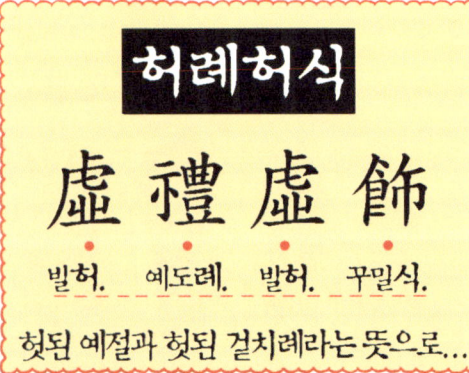

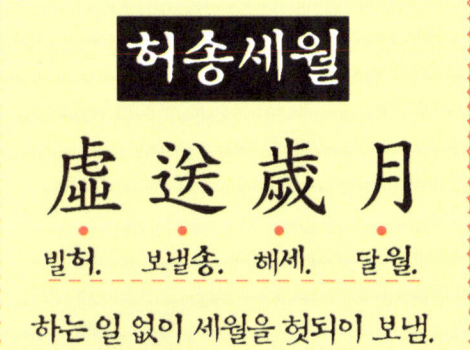